老舗寿司屋三代目が教える

まいにち作りたい魚料理

野本やすゆき

大和書房

前著『まいにち食べたい魚料理』では、魚をおいしく食べる基本的なことと、
定番の料理のおいしいレシピを紹介しました。
この本ではもう少し気楽に、
ぼくがふだん作って食べている魚の料理を紹介します。

「魚だから」という思い込みを捨てて、肉を料理するのと同じように、
野菜と一緒に煮たり、炒めたり、焼いたり、サラダにしたり、
ごはんに混ぜたり炊き込んだり、めん類の具にもします。

もともと魚は肉よりも種類が多いから、
同じ料理も魚を変えて作ればまた違った味わいになって、
飽きることがありません。

大事なことは、魚の臭みやクセを消して、もち味を引き出すこと。
（これは肉だって必要なことですね）
そのコツはレシピにしっかりのせました。
買ってくるのは切り身魚。初心者も忙しい人も作れる簡単なレシピばかり。
料理は苦手という人も、ぜひチャレンジしてみてください。

この本が、あなたと魚のおいしい出会いのガイドになれば
とてもうれしいです。

野本やすゆき

CONTENTS

PART 1
ひと鍋で
旨いものを作る！

- 01 魚介のココナッツスープ…8
- 02 白身魚となすの台湾風煮もの…10
- 03 ほたてのバターカレー…12
- 04 きんめのピエンロー鍋…14
- 05 いかとトマトのカレー…16
- 06 さんまの湯煮…18
- 07 寄せ鍋アクアパッツア…20
- 08 さばのカポナータ…22
- 09 船場汁風…23
- 10 かきと白菜のブイヤベース風…24
- 11 はまぐりとキャベツの蒸し煮…25
- 12 白身魚のフリカッセ…26
- 13 たらと厚切りベーコンの焼きポトフ…28
- 14 たらと白菜の漬けもの鍋…29
- 15 いかのラグー…30
- 16 たこと豆のキーマカレー…31
- 17 まかない風おでん…32

PART 2
フライパンひとつで
旨いものを作る！

- 01 さばとキャベツのクミン炒め…36
- 02 ベトナム風さわらの煮つけ…38
- 03 かじきのジンジャーソテー…40
- 04 かじきときゅうりの甜麺醤炒め…41
- 05 さけと長いものスペイン風オムレツ…42
- 06 たらと野菜のバルサミコ炒め…44
- 07 白身魚と長いものムニエル ねぎバターソース…45
- 08 しめさばカツ…46
- 09 しらすとキャベツ、チーズの オープンオムレツ…47

PART 3
焼きたて熱々
肴おかず

- 01 たらと野菜のゴルゴンゾーラ焼き…50
- 02 さけとなすのローズマリー焼き…52
- 03 たらとたらこのアヒージョ…54
- 04 いわしのレモン煮…55
- 05 さば缶とゆで卵のオーブン焼き…56
- 06 オイルサーディンのパリパリピザ風…57
- 07 あじと野菜の香草パン粉焼き…58
- 08 さんまときのこのチーズ焼き…59

PART 4
がっつり大満足！
ごはん料理

- 01 たいめし風フライパンパエリア…62
- 02 ベトナム風かにのちらし寿司…64
- 03 さけと炒り卵のちらし寿司…65
- 04 干もの炊き込みごはん…66
- 05 あさりのバスク風炊き込みごはん…67
- 06 サーモンのタルタルごはん…68
- 07 いかすみの和風メロッソ…69
- 08 まぐろの韓国風卵かけごはん…70
- 09 さけとガリのチャーハン…71
- 10 いかと納豆のチャーハン…72
- 11 さけのみそクリーム炊き込みごはん…73
- 12 たいのシンガポールライス風…74

PART 6
メインにもサイドにもなる
ごちそうサラダ

- 01 シーフードのタブレ…88
- 02 ぶりカツサラダ…89
- 03 かきのバターソテーと生ハムのサラダ…90
- 04 かにかまとセロリのサラダ…91
- 05 はまちのセビーチェ…91
- 06 ほたてとアスパラのにんにくマヨネーズ…92
- 07 えびとオレンジのオーロラソース…92
- 08 さばのサムギョプサル風…93
- 09 さんまときのこの焼きサラダ…94
- 10 いわしのソテー野菜ドレッシング…94
- 11 ほたてのタイ風カルパッチョ…95

PART 5
とっておきの
めんくい料理

- 01 あさりとパクチーのフォー…78
- 02 えびともやしのタイ風あんかけ焼きそば…79
- 03 ほたてと青のりのスパゲッティ…80
- 04 ねぎまスパゲッティ…81
- 05 サーモンとキムチのパスタ…82
- 06 刺身とグレープフルーツの冷製パスタ…83
- 07 かきとにらのスープパスタ…84
- 08 あさりとトマトの赤だしうどん…85
- 09 かきのクリームうどん…85

魚をおいしく食べる基本

① 自分でおろせなくてもOK！
　魚は魚屋さんにまかせましょう…34
② 切り身は塩でしめる…48
③ 貝は砂を吐かせる…60
④ えび、かきは、塩・片栗粉・水の三段構えで
　洗う…76
⑤ 魚を風味よく料理するコツ…86

この本の使い方

- 計量の単位は1カップ＝200㎖、大さじ1＝15㎖、小さじ1＝5㎖、米1合＝180㎖です。
- 火加減はガスコンロを基準にしています。加熱時間は目安です。素材の火の通り具合によって加減してください。
- 電子レンジの加熱時間は600Wを目安にしていますが、500Wの場合は加熱時間を1.2倍に、700Wの場合は0.8倍にしてください。なお、機種によって多少差違があるので、お使いの機種に合わせて加減してください。
- オーブントースターは1200Wか220℃くらいを目安にしています。焼き時間も目安です。機種によって多少差違があるので、お使いの機種に合わせて加減してください。
- 塩は焼き塩を用いています。さらさらで均一にふりやすく、素材にもなじみやすいのです。
- 酒とワインは普通の飲める酒とワイン、みりんは本みりんを用いています。

ひと鍋で旨いものを作る！

鍋ひとつあれば、その日食べたい魚、その日格安の魚を
即興的に"まかない気分で"料理しよう。
鍋の中で渾然一体となった旨さに、失敗はありません。

PART 1

> カレー粉とココナッツミルク、それにパクチーが
> スクラム組めば、魚介のクセは旨みになって、
> **スープは後引くおいしさに！**

PART 1 ひと鍋で

魚介のココナッツスープ

材料（2人分）

たら…1切れ
えび…4尾
ロールいか…150g
小麦粉…適量
カレー粉…大さじ1
ココナッツミルク…250mℓ
A ┌ ナンプラー…小さじ1と½
　└ 砂糖…大さじ1
サラダ油…大さじ1
パクチー（みじん切り）…適量

作り方

1. たらは一口大に切り、ナンプラー適量（分量外）でもみ、汁気をふいて小麦粉をまぶす。えびは（殻つきは殻をむき）背わたを取り除く。ロールいかは食べやすい大きさに切る。

2. 鍋にサラダ油を入れて中火にかけ、たらを並べて入れて表面に焼き色がつくまで焼く。えび、いか、カレー粉を加えてさらに炒め、えびといかの色が変わったら水½カップ（分量外）とココナッツミルクを加えて3〜4分煮る。Aを加えて味をととのえ、パクチーをちらす。

カレー粉とココナッツミルクは相性抜群。

[五香粉をふって、酒、砂糖、しょうゆで煮て、**仕上げにパクチー**をどっさり！ふわっといい香りが立って食欲をそそります。]

PART 1 ひと鍋で

白身魚となすの台湾風煮もの

材料（2人分）

かれい…2切れ
なす…2本
A ┌ だし…水1カップ＋顆粒だし小さじ½
　├ 酒、砂糖、しょうゆ…各大さじ2
　├ 五香粉…少々
　└ しょうが(薄切り)…1かけ分
パクチー…適量

作り方

1 なすはへたを切り落とし、縦4等分に切る。ラップをして電子レンジ600Wに3分かける。

2 鍋にAを入れて中火にかけてひと煮立ちさせ、かれいを加えて5〜6分煮て、1を加えて2〜3分煮て火を通す。

3 器に盛ってパクチーをのせる。

--- COLUMN ---
魚をおいしくする！

五香粉

台湾料理屋さんのおいしい香りはこれ！シナモンや八角などをミックスした中国の混合香辛料で、読みは「ごこうふん」または「ウーシャンフェン」。から揚げや煮込みなどにごく少量加えるだけで、本場の味になります。

パクチーが苦手なら青ねぎ、三つ葉を。

[カレールウとバターで手軽に作る
バターチキンの海鮮版です。
バターの半量を仕上げに入れるのがポイント！]

PART 1 ひと鍋で

ほたての
バターカレー

材料（2人分）

ほたて貝柱…6個
玉ねぎ…½個
A [にんにく（みじん切り）…1かけ分
    しょうが（みじん切り）…1かけ分]
バター…40g
カレールウ…2皿分
生クリーム…大さじ1
塩、こしょう…各少々
温かいごはん…茶碗2杯分

作り方

1. ほたて貝柱は半分にそぎ切りする。玉ねぎは薄切りにする。

2. 鍋にバター20gを入れて弱火にかけ、バターが溶けたらAを加えて炒める。香りがでてきたら中火にして、玉ねぎを加えてしんなりするまで炒める。ほたてを加えて炒め、塩、こしょうをふる。

3. ほたての色が変わったら、水2カップ（分量外）、カレールウを加えて煮溶かし、生クリームを加えて3〜4分煮る。仕上げにバター20gを加えて2〜3分煮る。

4. 器にごはんと3を盛り合わせる。好みでフライドオニオン（分量外）をのせる。

カレールウ2皿分にバターは40g！

[おなじみのピエンロー鍋は
魚で作ってもおいしいものです。味の決め手は
干ししいたけのもどし汁！]

きんめのピエンロー鍋

材料（2人分）

きんめ（赤魚）…2切れ
白菜…¼個
干ししいたけ…6個
春雨…30g
ごま油…適量
塩、一味唐辛子…各適量

作り方

1. 干ししいたけは、かるく水で洗い、耐熱ボウルに入れて水をひたひたになるくらい加え、ラップを落としぶたのように（水面にのせるように）かける。電子レンジ600Wに3分かけ、粗熱がとれるまでそのままおく。

2. きんめは一口大に切る、白菜は食べやすい大きさのざく切りにする。春雨は、（下ゆでが必要なものは3〜4分ゆでて水気をきる）食べやすい長さに切る。

3. 鍋に1をもどし汁ごと入れ、水適量（分量外）加えて中火にかけ、煮立ったら白菜を入れる。白菜がやわらかくなったら春雨を加え、きんめを入れて火が通るまで煮て、仕上げにごま油をまわし入れる。

4. 取り皿に塩、一味を入れ、煮え立てを食べる。

魚はふつふつ煮立っているところに入れる

[カレールウ仕立てですが、オリーブ油とトマトとクミンをプラスするだけで、手間ひまかけたような味わい深いカレーに！]

いかとトマトのカレー

材料(2人分)

いか(胴とゲソにさばいたもの)…1ぱい
トマト(大)…2個
にんにく(みじん切り)…1かけ分
玉ねぎ(みじん切り)…½個分
オリーブ油…大さじ1
カレールウ…2皿分
クミン…小さじ1
塩、こしょう…各少々
温かいごはん…茶碗2杯分

作り方

1. いかの胴は幅5mm切り、ゲソは食べやすい大きさに切る。トマトはへたを取り除いて粗いみじん切りにする。

2. 鍋にオリーブ油、にんにくを入れて弱火にかけ、香りがでてきたら中火にして玉ねぎを加えてしんなりするまで炒め、クミンを加える。クミンの香りがでてきたらいかを加えて塩とこしょうをふる。

3. いかの色が変わったらトマト、水2カップ(分量外)を加え、カレールウを加えてふたをして途中ときどき鍋の底から混ぜて15分煮る。ふたをとってさらに5分煮る。

4. 器にごはんと一緒に盛り合わせる。

COLUMN
魚をおいしくする！

いかは加熱時間がポイント！

いかは中途半端な加熱をするとかたくなります。おいしい加熱時間は「さっと5分未満」もしくは「じっくり20分以上」です。カレーは味をなじませたいのでじっくり20分以上煮込みましょう。

いかだけとは思えないリッチな味です。

酒としょうがを加えた湯で煮るだけ。
ナンプラーと**レモン**に**砂糖**と**ごま油**を
合わせたたれをかけて、
パクチーと一味唐辛子は好きなだけどうぞ！

さんまの湯煮

材料（2人分）

さんま（頭と尾、内蔵を取り除いたもの）
　…2尾
酒…大さじ2
しょうが（薄切り）…1かけ分
A ┌ ナンプラー、レモン汁…各大さじ1
　│ 砂糖…小さじ2
　└ ごま油…小さじ1と½
パクチーの葉、一味唐辛子…各適量

作り方

1. さんまは半分に切る。Aを混ぜ合わせる。
2. 鍋にたっぷりの湯（2リットル）を沸かし、酒、しょうがを加え、さんまを入れて中火で4〜5分ゆでて火を通す。
3. 器に盛り、Aをかけてパクチーをのせ、一味唐辛子をかける。

COLUMN
魚をおいしくする！

冷凍さんま

鮮魚のラベルに「解凍」とあると、「冷凍ものは……」と敬遠する人もいるようですが、以前と違って冷凍技術が発達した現在は、たくさん獲れる旬の魚を新鮮なうちに冷凍してあるので鮮度落ちも少なく、おすすめです。

魚屋さんに、頭と尾を取り除いて内臓を抜いてもらいましょう。

[「寄せ鍋用セット」は、アクアパッツアにも便利です。白ワインで蒸し煮し、最後に**昆布茶**を"**ほんの少し**"加えるのが秘訣です。]

寄せ鍋アクアパッツア

材料(2人分)

寄せ鍋セット(例:白身魚、えび、はまぐり)
　…2人分
にんにく(みじん切り)…1かけ分
A　[ミニトマト…6個
　　黒オリーブ(種抜き)…4個
　　タイム…2〜3本]
白ワイン…100㎖
昆布茶…小さじ1
オリーブ油…大さじ2
塩、こしょう…各少々

作り方

1. 寄せ鍋セットの白身魚は一口大に切り、えびは殻の間から竹串を入れて背わたをぬく。はまぐりは殻のぬめりを洗い流す。

2. 黒オリーブは輪切りにする。

3. フライパンにオリーブ油大さじ1とにんにくを入れて弱火にかけ、香りがでてきたら寄せ鍋セット、Aを入れ、白ワイン、水¼カップ(分量外)を加えてふたをして中火で5〜6分煮る。昆布茶を加えて味をみて塩、こしょうで味をととのえ、オリーブ油大さじ1をまわしかける

煮汁をパンを浸して、どうぞ!

[さばとトマトは好相性で、バジルの葉を添えるとたちまちイタリアンな香りの一品に。ごはんにも合います。]

さばのカポナータ

材料（2人分）

塩さば…半身
玉ねぎ…¼個
ズッキーニ…1本
パプリカ…½個
トマト缶（カット）…½個（200g）
にんにく（みじん切り）…1かけ分
オリーブ油…大さじ1
塩、こしょう…各少々
バジルの葉…適量

作り方

1. 塩さばは幅1cmに切る。玉ねぎは小さめの一口大に、ズッキーニは乱切りに、パプリカは縦半分に切って斜め切りにする。

2. 鍋にオリーブ油、にんにくを入れて弱火にかけ、香りがでてきたら中火にして玉ねぎを加えてしんなりするまで炒める。ズッキーニ、パプリカを加えて炒め、油がまわったら塩さばを加えてさらに炒める。

3. トマト缶、水1カップ（分量外）を加えて7〜8分煮る。塩とこしょうで味をととのえ、バジルの葉をちぎって加える。

PART 1 ひと鍋で

> さばがメインの具だくさん汁ものです。
> **さばと根菜の旨みの相乗効果**の
> しみじみした味わいがたまりません。

船場汁風
（せんばじる）

材料（2人分）

さば（三枚におろしたもの）…¼尾
大根…3cm
ごぼう…30g
長ねぎ…½本
だし…水2カップ＋
　顆粒だし小さじ½
酒…大さじ1
うす口しょうゆ…小さじ1
塩…小さじ¼
しょうが汁…小さじ1

作り方

1. さばは食べやすい大きさにそぎ切りにする。大根は皮をむいて厚さ5mmのいちょう切りに、ごぼう、長ねぎは斜め切りにする。

2. 鍋にだし、大根、ごぼうを入れて中火にかけて、火が通るまで煮る。酒、さばを加えて2〜3分煮て、さばに火が通ったらうす口しょうゆを加え、味をみて塩で味をととのえる。

3. 長ねぎ、しょうが汁を加えてひと煮立ちさせて火をとめ、器に盛る。

> 香味野菜とオリーブ油で作るブイヤベース風なら、クセが消えて**かき鍋は苦手な人も笑顔に**なります。あればサフランも加えると風味アップ。

かきと白菜のブイヤベース風

材料(2人分)

かき(加熱用)…8個
白菜…1/8個
にんにく(みじん切り)…1かけ分
玉ねぎ(みじん切り)…1/4個分
白ワイン…大さじ2
A ┌ トマト水煮缶(カット)…1/2個(200g)
　│ ブイヨン…水1/2カップ+
　│　固形ブイヨン1個
　│ サフラン(あれば)…ふたつまみ
　└ 塩…小さじ1/2
オリーブ油…大さじ2

作り方

1 かきは片栗粉適量(分量外)をまぶしてもみ、水で洗い流して水気をきる。白菜は、葉はざく切り、茎は5〜6cmに切ってさらに太め(幅約5mm)のせん切りにする。

2 鍋にオリーブ油大さじ1、にんにくを入れて弱火にかけ、香りがでてきたら中火にして玉ねぎを加えてしんなりするまで炒め、白菜を加えて5〜6分焼くように炒める。

3 白菜に少し焼き色がついたら、かき、白ワインを加えてアルコールをとばす。Aを加えて4〜5分煮て、塩とこしょう(ともに分量外)で味をととのえ、オリーブ油大さじ1をまわしかける。

[はまぐりの旨みとキャベツの甘み、にんにくの香味が出会って、やさしいおいしさに。**パスタをあえても。**]

はまぐりとキャベツの蒸し煮

材料(2人分)

はまぐり…小8個
キャベツ…1/4個
春雨…30g
にんにく(みじん切り)…1かけ分
酒…50ml
サラダ油…小さじ2
塩、こしょう…各少々

作り方

1 キャベツはざく切りする。春雨はゆでて(時間は袋の表示に従う)、湯をきって食べやすい長さに切る。

2 鍋にサラダ油、にんにくを入れて弱火にかけ、香りがでてきたらキャベツ、はまぐりを入れて酒を加えてふたをして5〜6分蒸す。はまぐりの口があいたら春雨を加えて炒め合わせ、塩、こしょうで味をととのえる。

[フリカッセは白い煮込みのことです。
ワインと生クリームで煮るだけなので、
ホワイトソースで作るより、
ずーっと簡単で味もまろやか。]

PART 1 ひと鍋で

白身魚のフリカッセ

材料（2人分）

白身魚（めだい）…2切れ
かぶ…2個
小麦粉…適量
バター…30g
白ワイン…大さじ2
生クリーム…200㎖
タイム…3〜4本
塩、こしょう（白）…各適量

作り方

1 かぶは茎を2〜3cm残して切り、皮をむいて4等分に切る。白身魚は塩、こしょうを均一にふって小麦粉をまぶす。

2 鍋にバター20gをとかし白身魚、かぶを入れて両面焼き色がつくまで中火で焼く。白ワインを加えアルコールをとばし、生クリーム、タイムを加えて5〜6分煮る。バター10gを加え、塩、こしょうで味をととのえる。

― COLUMN ―
魚をおいしくする！

白ワイン＋生クリーム＋タイム

白ワイン＋生クリームのコンビに臭みを消して風味を添えるハーブ、タイムを少しプラス。タイムは「魚のハーブ」とよばれるくらい魚介と相性がよいので、ぜひ試してみてください。フレッシュがなければパウダー少々でもOKです。

かぶの茎は味わいと食感だけではなく、白い料理の彩りになります。

[ベーコンと一緒にたらと **キャベツを焼きつける**ことで 旨みとパンチのある風味になります。]

たらと厚切りベーコンの焼きポトフ

材料(2人分)

たら…2切れ
厚切りベーコンブロック…200g
キャベツ…¼個
コンソメ…水2カップ+
　顆粒コンソメ小さじ1
塩、こしょう…各適量
オリーブ油…大さじ1
粒マスタード…適量

作り方

1. たらは塩、こしょうを均一にふる。ベーコンは厚みを半分に切る。キャベツは縦に半分に切る

2. 鍋にオリーブ油を中火で熱し、ベーコン、たら、キャベツを入れて両面に焼き色がつくまで焼く。コンソメを加えてふたをして4〜5分に煮る。ふたをとり、塩、こしょうで味をととのえる。

3. 器に盛り、粒マスタードを添える。

> 漬けものの発酵した旨みがたらを主役にしてくれます。ねぎはわけぎなど、味のやわらかな青ねぎがおすすめです。

 14

たらと白菜の漬けもの鍋

材料（2人分）

たら…2切れ
白菜漬け…400g
わけぎ（青ねぎ）…2本
A ┌ 水…3カップ
　│ 昆布…5cm
　└ 酒、薄口しょうゆ…各小さじ2
塩、柚の皮…各適量

作り方

1　たらと白菜漬けは、それぞれ一口大に切る。わけぎは斜め切りにする。柚子の皮は細く切る。

2　鍋にAを入れて弱火にかけ、煮立つ直前で昆布を取り出す。ひと煮立ちさせて白菜漬けを加えて2〜3分煮る。塩で味をととのえ、たらを入れて火が通るまで煮て、わけぎと柚子の皮をちらす。

＊白菜漬けに入っている赤唐辛子は、辛みが苦手じゃないなら、白菜と一緒に鍋に入れて隠し味的にピリ辛味を生かす。

[ひき肉の中から現れる
ゲソの食感がこの料理の魅力です。
ごはんにもパンにも合います。]

いかのラグー

材料（2人分）

いか（胴とゲソにさばいたもの）…1ぱい
合びき肉…150g
玉ねぎ（みじん切り）…1/4個分
セロリ（みじん切り）…1/4本分
A ┌ トマト水煮缶…1/2個（200g）
　└ ローズマリー…1枝
ケチャップ…小さじ1
塩、こしょう…各適量
オリーブ油…小さじ2
パルメザンチーズ…適量

作り方

1　いかの胴は幅1cmに切り、ゲソは粗みじんに切る。

2　鍋にオリーブ油を熱し、玉ねぎ、セロリを入れて中火で炒め、しんなりしてきたらひき肉、1のゲソを加えて塩、こしょう各少々をふって炒め合わせる。肉の色が変わったら1のいかを加えてさらに炒め、Aと水1/2カップ（分量外）を加えて7〜8分煮る。ケチャップ、塩、こしょうで味をととのえる。

3　器に盛ってパルメザンチーズをかける。

[**カレー粉とオイスターソース**で作るキーマカレーです。たこと豆とひき肉の旨みの三乗効果が楽しめます。]

たこと豆のキーマカレー

材料（2人分）

たこ…100g
ミックスビーンズ水煮缶…1個(110g)
合びき肉…50g
A [にんにく（みじん切り）…1かけ分
    しょうが（みじん切り）…1かけ分]
玉ねぎ（みじん切り）…1/2個分
カレー粉…小さじ2
オイスターソース…小さじ2
塩、こしょう…各適量
サラダ油…大さじ1
温かいごはん…茶碗2杯分

作り方

1 たこは粗みじんに切る。

2 鍋にサラダ油、Aを入れて弱火にかける。香りがでてきたら中火にして玉ねぎを加えてしんなりするまで炒め、合びき肉を加えて炒め、塩、こしょう各少々をふる。肉の色が変わったらたこ、ミックスビーンズ、カレー粉を加えて炒める。オイスターソース、水1/2カップ（分量外）を加えて3〜4分煮て、塩、こしょうで味をととのえる。

3 器にごはんを盛り、2を盛り合わせる。

> たこ、白身魚、ちくわ、はんぺん、野菜もほしいから
> アスパラをちくわに刺して入れました。
> **煮汁**は**トマトジュースとコンソメ**です。

まかない風おでん

材料(2人分)

たこ足(大)…2本
白身魚(めだい)…2切れ
ちくわ…1本
はんぺん…½枚
グリーンアスパラガス…1本
A ┌ トマトジュース(無塩)…300㎖
　│ コンソメ…水1と½カップ＋
　└ 　顆粒コンソメ小さじ2
塩、こしょう…各適量
バジルの葉…適量

作り方

1 たこ足はそれぞれ3等分に切り、串に刺す。白身魚は塩、こしょうを均一にふる。

2 アスパラは下のかたい部分は切って長さを調節してちくわの穴に刺して、半分に斜め切りする。はんぺんは半分に切る。

3 鍋にAを入れて中火にかけてひと煮立ちさせ、たこ、白身魚、はんぺん、ちくわを入れて5〜6分煮る。仕上げにバジルの葉を散らす。

バジルを添えるとご馳走感がアップ。トマトジュースを「トマトだし」として活用すると手軽で便利です。

魚をおいしく食べる基本 ①

☞ 自分でおろせなくてもOK！ 魚は魚屋さんにまかせましょう

スーパーなどでは、料理別におろして並べているところも多くなりました。でも、おろしてあるものよりも、おろしたてのほうが新鮮でおいしいのはたしか。一尾売りがあれば魚屋さんに頼みましょう。

そのとき、どのようにおろしてほしいのか、きちんと伝えることが肝心です。「頭と尾を落として腹わたをとってほしい」、「三枚におろしてほしい」、「筒切りにしてほしい」、「生で料理するから、刺身用のさくに造ってほしい」‥‥‥などと、ちゃんとオーダーできればOKです。魚屋さんと仲良くなれば、その日おすすめの魚も教えてもらえるようになるでしょう。

フライパンひとつで旨いものを作る！

「魚だから……」という思い込みはなし。
食感の合う野菜と風味のよい調味料で、肉と同じように
フライパンで炒めたり、焼いたり、気楽に作れるレシピを紹介。

PART 2

[お財布にやさしい食材、さばとキャベツを
オリーブ油とクミンの香りで炒めると、ごちそうに！
仕上げにしょうゆをちょっと加えるのがコツです。]

PART 2 フライパンひとつで

さばとキャベツのクミン炒め

材料（2人分）

さば…半身
キャベツ…¼個
クミン（シード）…小さじ1
塩、こしょう…各適量
オリーブ油…大さじ1
にんにく（みじん切り）…1かけ分
しょうゆ…小さじ½

作り方

1. さばは一口大のそぎ切りし、塩、こしょうを均一にふる。キャベツは食べやすい大きさにざく切りにする。

2. フライパンにオリーブ油、にんにくを入れて弱火にかけ、香りがでてきたら、クミンを加える。クミンの香りがでてきたら中火にし、さばを入れて焼くようにして表面の色が変わるまで炒める。キャベツを加えて2〜3分炒め合わせ、さばに火が通ったら塩、こしょう各少々をふって炒め合わせ、しょうゆを鍋肌から加えて炒め合わせる。

COLUMN
魚をおいしくする！

クミン

料理の最初にじっくり炒めて香りを引き出して、その香りで具材を炒めるのがポイントです。ほろ苦い芳香が魚の臭みを消してくれ、キャベツとも好相性。炒めものにはパウダーよりもシードがおすすめです。このクミンのように料理の最初に使うスパイスを「スタータースパイス」といいます。

ごはんにもビールやワインにもよく合います。

[いい香りの煮汁がからんだ煮魚の秘密は、**「ベトナムのしょうゆ」ニョクマム。** 煮え立てをパクチーやフライドオニオン、ピーナッツと一緒にどうぞ。]

PART 2 フライパンひとつで

ベトナム風 さわらの煮つけ

材料（2人分）

さわら…2切れ
A［ニョクマム、酒、砂糖…各大さじ2
パクチー…適量
フライドオニオン…適量
ピーナッツ…適量

作り方

1 ピーナッツは粗く砕く。
2 深めのフライパンに水1カップ（分量外）とAを入れて火にかけてひと煮立ちさせ、さわらを入れて落としぶたをして中火で5〜6分煮てさわらに火を通す。
3 器に盛って煮汁をかけ、パクチー、フライドオニオン、ピーナッツをのせる。

COLUMN

魚をおいしくする！

切り身は厚いものを

切り身は、小さくても身の厚いものがおすすめです。ことに煮魚にするときは、大きさよりも身の厚さで選びましょう。煮上がりった味が断然ちがいます。

フライドオニオン。フォーなどめん類、おかゆやチャーハン、カレー、サラダなどにばらっとかけるだけで本格的な味になります。

[豚のしょうが焼のかじき版です。
かじきは魚的に料理するよりも、
肉の感覚で料理すると成功します。]

かじきのジンジャーソテー

材料（2人分）

かじき…2切れ
いんげん…10本
A ┃ 酒、みりん、しょうゆ…各大さじ3
　┃ 砂糖…小さじ2
　┃ しょうが（すりおろし）…大さじ1
小麦粉…適量
サラダ油…小さじ2

作り方

1. いんげんは半分に切る。かじきは小麦粉をまぶす。Aは混ぜ合わせる。
2. フライパンにサラダ油を熱し、中火でかじきを焼く。焼き色がついたら裏返し、脇にいんげんを加えて2〜3分炒める。
3. かじきに両面とも焼き色がついたらAを加えて1〜2分煮からめる。器にかじきといんげんを盛り合わせる。

[かじきをごま油で香ばしく焼いて、旨みが凝縮した
中華の甘みそ「甜麺醤」で調味。
炒めたきゅうりがクセになるおいしさです。]

かじきときゅうりの甜麺醤(テンメンジャン)炒め

材料(2人分)

かじき…2切れ
きゅうり…1本
A[甜麺醤…大さじ2
　砂糖、しょうゆ…各小さじ2
　酒、水…各大さじ1
　ごま油…小さじ1]
小麦粉…適量
塩、こしょう…各適量
ごま油…大さじ1

作り方

1 かじきは一口大に切り、塩、こしょうを均一にふって小麦粉をまぶす。きゅうりは乱切りにする。Aは混ぜ合わせる。

2 フライパンにごま油を熱し、かじきを入れて中火で2〜3分、色が変わるまで焼く。きゅうりを加えて炒め合わせ、かじきに焼き色がついてきたらAを加えて1〜2分煮からめて火を通す。

> ごろっと大きい**さけと長いもの食感**の**コントラスト**がいい感じです。
> 小さめのフライパンで厚めに焼くのがコツ。

さけと長いもの スペイン風オムレツ

材料（径20cmのフライパン）

さけ…1切れ
長いも…5cm
玉ねぎ（みじん切り）…1/2個分
卵…4個
パルメザンチーズ…大さじ1
塩、こしょう…各適量
オリーブ油…大さじ1

作り方

1. さけは一口大に切り、塩、こしょうを均一にふる。長いもは厚さ1cmの輪切りにしてさらにいちょう切りにする。

2. ボウルに卵を割りほぐし、パルメザンチーズと塩、こしょう各少々を加えて混ぜ合わせる。

3. フライパンにオリーブ油を入れて中火で熱し、玉ねぎをしんなりするまで炒める。さけを加えて色が変わるまで炒め、2を流し入れてヘラででかき混ぜながら焼く。半熟になったら長いもを加え、ふたをして弱火にして6〜7分焼き、ふたをとって裏返して2〜3分焼いて火を通す。

4. 器に盛り、放射状に切る。好みでケチャップやタバスコを添える。

長いもは、半熟まで焼いてから加えるとサクッと食感がよい焼き上がりに。

[バルサミコ酢の熟成した風味で
魚のクセを消して旨みをアップ。バルサミコ酢は
砂糖としょうゆ、水を加えるとまろやかな和風味に。]

たらと野菜のバルサミコ炒め

材料（2人分）

たら…2切れ
塩…適量
ピーマン…2個
玉ねぎ…½個
A［バルサミコ酢、砂糖…各大さじ2
　　しょうゆ、水…各大さじ1
　　片栗粉…小さじ½］
サラダ油…大さじ1

作り方

1. たらは一口大に切り、塩を均一にふる。ピーマンは縦に4等分に切り、種を取り除いて斜めに半分に切る。玉ねぎは縦に6等分に切る。Aは混ぜ合わせる

2. フライパンにサラダ油を熱し、中火でたらの表面に焼き色がつくまで炒め焼き、裏返してフライパンの奥に寄せる。玉ねぎ、ピーマンを加えて2〜3分油がまわるまで炒める。Aを加えて1〜2分炒め合わせてたらに火を通す。

[魚はバターで香ばしくカリッと焼いて
長ねぎと**バター**を**レンジでチン！**した
「ねぎバターソース」で食べます。]

白身魚と長いものムニエル、ねぎバターソース

材料(2人分)

白身魚(めだい)…2切れ
長いも…6cm
レモン汁…小さじ1
長ねぎの白い部分(みじん切り)
　…1本分
バター…40g
塩、こしょう、小麦粉…各適量

作り方

1. 白身魚は塩、こしょうを均一にふり、小麦粉をまぶす。長いもは厚さ1cmに切る。

2. ソースを作る。耐熱ボウルに長ねぎ、バター20gを入れてラップをして電子レンジ600Wで3分加熱する。ラップをとり、塩、こしょうで味をととのえる。

3. フライパンに残りのバター20gをとかし、中火で白身魚を2〜3分焼いて片面に焼き色がついたら裏返してフライパンの奥に寄せる。長いもを入れて、長いもも白身魚もともに両面焼き色がついて火が通るまで焼く。皿に盛り、**2**を添える。

［少なめの油で焼くように揚げる**「揚げ焼き」**なら**簡単**です。しめさばは生で食べられるから、中はレアっぽくても OK。］

しめさばカツ

材料(2人分)

しめさば(市販品でも可)…1尾分
小麦粉、卵(割りほぐす)、パン粉…各適量
サラダ油…適量
キャベツ(ちぎる)…3〜4枚
ソース…適量
＊パン粉は、細かいものが揚げ焼き向き

作り方

1 しめさばの水気をしっかりとり、小麦粉、卵、パン粉の順に衣をつける。

2 フライパンにサラダ油を深さ1〜2cmくらい入れて熱し、1を中火で両面3〜4分ずつ、きつね色になるまで揚げ焼きにする。

3 器にキャベツと2を盛り、ソースをかける。

[たたんだり裏返したりなしのオープンオムレツ。
しらすとキャベツとチーズの旨みを
卵がふんわりまとめて、気のきいた一品に。]

09

しらすとキャベツ、チーズのオープンオムレツ

材料（2人分）(径20cmのフライパン)

キャベツ…1/8個
卵…3個
A [しらす…50g
   ピザ用チーズ…20g
   塩、こしょう…各少々]
バター…20g

作り方

1 キャベツは（太い葉脈はそぎ落とし）、1口大にざく切りにする。

2 ボウルに卵を割りほぐし、Aを加えて混ぜる。

3 フライパンにバターをとかし、中火でキャベツをしんなりするまで炒める。2を流し入れて菜箸で数回かき混ぜ、2〜3分焼く。半熟になったらふたをして1〜2分焼く。

魚をおいしく食べる基本 ②

👉 切り身は塩でしめる

時間に余裕があれば、買ってきた切り身は塩をふって15分おくと、余分な水分と臭みがぬけ、身もしまっておいしくなります。

1 塩を指つまんでバットに均一にふる。

2 魚の水気をキッチンペーパーでとる。

3 バットにふった塩の上に切り身を置く。

4 上から全体に塩をふり、そのまま15分おく。

5 出てきた水気をキッチンペーパーでしっかりとる。

焼きたて熱々肴おかず

焼き皿に材料を平らに並べて、おいしく焼き上がる調味料を加えて、
あとはオーブントースターにおまかせ！
焼けるまでの間にもう一品作る余裕だってあります。

＊グリルを使う場合は、火のまわりが早いのでアルミホイルをかけて焼き始め、
　材料が温まったらホイルを外して、焼き色がつくまで焼くとよい。

PART 3

[にんにくを加えず、**オリーブ油と
ゴルゴンゾーラ**の最強コンビで焼きました。
玉ねぎの香味も一役かってなかなかのおいしさです。]

たらと野菜の
ゴルゴンゾーラ焼き

材料（2人分）

たら…2切れ
グリーンアスパラガス…2本
玉ねぎ…¼個
ゴルゴンゾーラ…60g
オリーブ油…大さじ2〜3
塩、こしょう…各適量

作り方

1. たらは一口大に切り、塩、こしょうを均一にふる。アスパラは根元のかたい部分を折り捨て、長さを4等分に切る。玉ねぎは縦に4等分に切る。

2. 耐熱皿にたら、アスパラ、玉ねぎを並べ、ゴルゴンゾーラを手でちぎってちらし、オリーブ油をかける。オーブントースターで10分ほど、焼き色がついて、たらとアスパラに火が通るまで焼く。

※途中、焦げそうになったらアルミホイルをかける。

--- COLUMN ---
魚をおいしくする！

オリーブ油＋チーズ

オリーブの故郷は地中海沿岸で、オリーブ油は魚介と相性抜群です。そしてオリーブ油はチーズとも相性抜群。この「オリーブ油＋チーズ」のコンビを魚の料理に活用すると、オリーブ油の風味とチーズの発酵した旨みが、魚の臭みを消して持ち味を引き出し、コクを添えてくれます。

ゴルゴンゾーラをちらして焼く。たらに塩をふる前にゴルゴンゾーラの味をみて、その塩気の具合で加減しましょう。

> ［ローズマリーとオリーブ油の香りを
> まとって、こんがり焼けた塩さけとなすが最高。
> 焼くだけで、ぴたりと味が決まるうれしい一品です。］

PART 3 肴おかず

塩さけとなすの
ローズマリー焼き

材料(2人分)

塩さけ…2切れ
なす…2本
ローズマリー…2枝
塩、こしょう…各少々
オリーブ油…大さじ3

作り方

1. 塩さけは一口大に切る。なすは小さめの一口大に乱切りにする。
2. 耐熱皿に塩さけ、なすを並べ、塩、こしょうをふり、ローズマリーをのせてオリーブ油をかける。オーブントースターで10分ほど、塩さけとなすに火が通るまで焼く。

＊焦げ色がついても火が通っていなければ、アルミホイルをかけてさらに焼くこと。

COLUMN
魚をおいしくする！

ローズマリー

ラムやじゃがいものローズマリー焼きが有名ですが、さけ、さば、いわしなどクセの強い魚の臭み消しと香りづけにも最適です。どちらかというと煮込みよりも、オーブン焼きなど、こんがり焼く料理に使うと効果が際立ちます。

ローズマリーは枝ごと添えて焼きます。とても丈夫な世話なしハーブなので、小さな鉢を育てるととても重宝します。

[たらは、たらこと一緒にアヒージョにすると
味に厚みがでておいしいものです。コツは
塩とこしょうでしっかり下味をつけること。]

たらとたらこのアヒージョ

材料(2人分)

たら…2切れ
たらこ…1/2腹(1本)
にんにく(みじん切り)…1かけ分
オリーブ油…100mℓ
塩、こしょう…各適量
バゲット…適量

作り方

1 たらは一口大に切り、塩、こしょうをまぶす。たらこは一口大に切る。

2 耐熱皿に、にんにくとオリーブ油を入れ、1を入れてトースターで10〜13分、オリーブ油が熱されて、たらに火が通るまで焼く。

3 バゲットを添える。

[レンジでチン！して作る**オイル煮**です。
オイルサーディンより簡単で、
しかもフレッシュなおいしさが楽しめます。]

いわしのレモン煮

材料(2人分)

いわし(頭と内蔵、うろこをとってあるもの)
　…大2尾
塩、こしょう…各適量
A[　オリーブ油…200㎖
　にんにく(みじん切り)…1かけ分
　塩…小さじ1]
レモン(薄切り)…1個分
赤唐辛子(種は取り除く)…1本

作り方

1. いわしは竹串で数カ所刺して、半分に切り、塩、こしょうを均一にふる。レモンは輪切りにする。赤唐辛子は種を取り除く。

2. 耐熱性のボウルにA、いわし、レモン、赤唐辛子を入れ、ラップをふんわりかけて電子レンジ600Wで6〜7分、火が通るまで加熱する。器に盛る。

> さば缶とゆで卵を**オリーブ油とマヨネーズ**で
> 焼けば、簡単によそ行きの一品に。
> 友達をよんだときに大活躍してくれます。

さば缶とゆで卵のオーブン焼き

材料（2人分）

さばの水煮缶詰…1個（200g）
ゆで卵（市販品も可）…2個
ブロッコリー…½個
オリーブ油…大さじ2〜3
A [マヨネーズ…大さじ1
　　マスタード…小さじ2]

作り方

1 さばは缶から取り出し、Aを加えてあえる。ブロッコリーは小房に切り、ラップで包んで電子レンジ600Wに2〜3分かける。ゆで卵は殻を向いて半分に切る。

2 耐熱皿にさば、ブロッコリー、ゆで卵を並べ、オリーブ油、マヨネーズ適量（分量外）をかけ、オーブントースターで10分ほど焼き色がつくまで焼く。

＊途中こげそうになったらアルミホイルをかける。

[春巻きの皮を2枚重ねて具をのせて]
焼くと、パリパリタイプのピザに。
たこやかきのオイル漬け缶でもOKです。

 06

オイルサーディンのパリパリピザ風

材料(2人分)

オイルサーディン缶…1個
パプリカ…¼個
春巻きの皮…4枚
ピザソース…大さじ3
パルメザンチーズ…適量
オリーブ油、ルッコラ…各適量

作り方

1 パプリカは縦半分に切って斜め5mmに切る。春巻きの皮の表面をぬらし、2枚ずつ重ねる。

2 1の春巻きの皮にピザソース大さじ1と½ずつ塗り、オイルサーディン、パプリカを並べて。オーブントースターで2〜3分、春巻きに焼き色がつくまで焼く。

3 器に盛り、ルッコラをのせ、パルメザンチーズをふり、オリーブ油をかける。

> パン粉に**粉チーズ、パセリ、にんにく**を
> 混ぜた「香草パン粉」をかけて焼く、
> 南欧風のしゃれた一皿。野菜のトマトは外せません。

07 あじと野菜の香草パン粉焼き

材料(2人分)

あじ(三枚におろして腹骨を
　とってあるもの)…2尾
ズッキーニ…½本
トマト…小1個
オリーブ油…大さじ2〜3
A ┌ パン粉…½カップ
　├ 粉チーズ…大さじ1と½
　├ パセリ(みじん切り)…大さじ1と½
　└ にんにく(みじん切り)…1かけ分
塩、こしょう…各適量

作り方

1. あじは塩、こしょうを均一にふる。Aは混ぜ合わせる。

2. トマトは輪切りにする。ズッキーニは耐熱皿に合わせて長さを切り、厚さを薄く切って電子レンジ600Wで1〜2分加熱する。

3. 耐熱皿に、2のズッキーニを敷き、トマト、あじの順に重ねて入れる。Aをかけ、オリーブ油をかけて、オーブントースターで10分ほど、焼き色がつき、あじに火が通るまで焼く。

＊途中、焦げそうになったらアルミホイルをかける。

[さんまときのこにピザ用チーズとオリーブ油をふってこんがり焼きます。**きのこは2種混ぜる**ほうが味も香りもアップします。]

さんまときのこのチーズ焼き

材料(2人分)

さんま(三枚におろしたもの)…2尾
しめじ…½パック(80g)
まいたけ…½パック(50g)
ピザ用チーズ…50g
塩、こしょう、小麦粉…各適量
オリーブ油…大さじ2～3

作り方

1 さんまは一口大に切り、塩、こしょうを均一にふり、小麦粉をまぶす。しめじ、まいたけは石突きを切り落として手でほぐす。

2 耐熱皿にさんま、まいたけ、しめじを並べて、塩、こしょうを各少々ふり、ピザ用チーズをちらし、オリーブ油をかける。オーブントースターで10分ほど、さんまに火が通るまで焼く。

魚をおいしく食べる基本 ③

👉 貝は砂を吐かせる

ジャリっと砂をかんだことがあるから貝が苦手という声があります。「砂抜き」と表示されていても、時間に余裕があれば、念のために砂を吐かせましょう。

① 浅めのバットに入れ、3％の塩水をひたひたに注ぐ。目安は貝の口が浸るか浸らないかくらい。

② アルミホイルをかけて空気穴をあけ、振動のない安定したところに1〜3時間置いて砂を吐かせる。

③ 料理する直前に、流水の下で殻をこすり合わせるようにして、表面のぬめりを洗う。

がっつり大満足 ごはん料理

ごはんと魚介の旨みは好相性。これ一品で充実の食卓になります。
魚介はもともと塩分をもっているので、塩味は控えめにするのがコツ。
忙しいときも、友達よんだときも、覚えておくと大活躍するレシピです。

PART
4

[おいしい香りにうっとり。
サフランで炊いた大人のパエリアです。
レモンをギュッとしぼってどうぞ。]

PART 4 ごはん料理

たいめし風フライパンパエリア

材料　2合分(2〜3人分)

- 米…2合
- たい…2切れ
- 塩、こしょう…各適量
- スナップえんどう…6本〜8本
- A [ブイヨン…水480㎖＋固形ブイヨン1個＊
     サフラン…ひとつまみ(約1g)]
- にんにく(みじん切り)…1かけ分
- 玉ねぎ(みじん切り)…½個分
- トマト(みじん切り)…小1個分(100g)
- オリーブ油…大さじ1
- レモン(くし形切り)…適量

＊固形ブイヨンは溶けやすいように刻む。

作り方

1. たいは塩、こしょうを均一にふる。スナップえんどうは筋をとる。Aは混ぜ合わせ、サフランの色をだす。

2. フライパンにオリーブ油、にんにくを入れて弱火にかけて炒め、香りがでてきたら玉ねぎを加えて中火でしんなりするまで炒める。米を加えて炒めて、油がまわったらトマトを加えて炒め合わせる。トマトがしんなりしてきたらAを加える。

3. たい、スナップえんどうをのせ、ひと煮立ちさせ、ふたをして弱火で12〜13分炊く。ふたをとって水分をとばして火を止め、塩少々で味をととのえる。レモンを添える。

COLUMN
魚をおいしくする！

サフラン

赤くて細いサフランは花のめしべ。ひとつの花から3本しかとれないので、ちょっと高価です。が、魚介のクセを消して風味を持ち上げてくれるので、ブイヤベース、パエリアなどに使われます。

パエリアはお焦げもおいしい。サフランがない場合は、ターメリックで黄色い色をつけましょう。

[ニョクマム風味の合わせ酢と
かにとピーナツの旨みが食欲をそそります。
かに風味かまぼこでもOK。]

ベトナム風かにのちらし寿司

材料　2合分（2〜3人分）

温かいごはん…2合分
A[酢…大さじ2と½
　　砂糖…大さじ1
　　ニョクマム…大さじ1]
かにの棒肉＊…1パック（120g）
ピーナッツ…大さじ2
パクチー…適量
＊かに風味かまぼこでもOK。

作り方

1. かには手でほぐす。ピーナッツは粗めに砕く。Aは混ぜ合わせる。

2. ボウルにごはんを入れてAを数回にわけて加えて、ごはん粒をつぶさないように、しゃもじで切るように混ぜる。かに、ピーナッツを加えてざっと混ぜ合わせる。

3. 器に盛って、パクチーを添える。

[さけフレークと炒り卵だから
まったくの手間なし。
錦糸卵よりもやさしい味わいになります。]

さけと炒り卵のちらし寿司

材料　2合分(2〜3人分)

温かいごはん…2合分
すし酢…大さじ4
さけフレーク…50g
卵…2個
A[砂糖…小さじ1と½
　 塩…ひとつまみ]
サラダ油…小さじ2
白ごま…大さじ1
青じそ…6枚
貝割れ菜…½パック

作り方

1 青じそは粗みじん切りに、貝割れ菜は根元を切り落とす。

2 ボウルに卵を割りほぐしてAを加えて混ぜ合わせる。フライパンにサラダ油を入れて中火にかけて熱し、卵液を流し入れ、菜箸で混ぜながら炒り卵にする。

3 ボウルにごはんを入れ、すし酢を数回にわけて加え、ごはん粒をつぶさないように、しゃもじで切るように混ぜる。鮭フレークを加えて混ぜ、白ごま、青じそを加えてざっと混ぜる。器に盛って、炒り卵と貝割れ菜をのせる。

【すし酢を作るなら】

酢¼カップ、砂糖大さじ1と½、塩小さじ1と½をよく混ぜ合わせる。

［ 干ものの旨みにみょうが、青じそ、長ねぎの
フレッシュな香りと食感が加わった
味わい豊かな炊き込みごはんです。 ］

干もの炊き込みごはん

材料　2合分（2〜3人分）

米…2合
あじの干もの…1尾
だし…水適量＋顆粒だし小さじ½
A ┌ うす口しょうゆ、酒…各大さじ2
　└ しょうが（せん切り）…1かけ分
みょうが…3個
青じそ…4枚
長ねぎ…½本

作り方

1. みょうがは縦半分に切って横に薄切りにする。青じそは粗みじん切りに、長ねぎはみじん切りにする。

2. 米はといで炊飯器に入れてAを加え、だしを炊飯器の2合の目盛りまで入れ、あじの干ものをいれて炊飯する。

3. 炊きあがったら、あじの頭と骨を取り除き、身をほぐし、みょうが（半量）、青じそ、長ねぎを加えて混ぜ合わせる。器に盛り、残りのみょうがをちらす。

> あさりと白ワインの旨い蒸し汁で炊きます。
> **ブラウンマッシュルーム**の
> 濃厚な風味もおいしさを引き上げてくれます。

あさりのバスク風炊き込みごはん

材料　2合分（2〜3人分）

- 米…2合
- あさり…300g
- ブラウンマッシュルーム（薄切り）…4個分
- 玉ねぎ（みじん切り）…1/4個分
- にんにく（みじん切り）…1かけ分
- A [塩…小さじ1/4
　　 顆粒だし…小さじ1/2]
- 白ワイン…大さじ2
- オリーブ油…大さじ1

作り方

1. あさりは耐熱ボウルに入れ、白ワインを加えてラップをかけ、電子レンジ600Wに3分かける。あさりと汁に分け、汁にAと水適量（分量外）を加えて480mℓにする。

2. フライパンにオリーブ油、にんにくを入れて弱火にかけ、香りがでてきたら、玉ねぎを加えて中火でしんなりするまで炒め、マッシュルームを加えてしんなりするまでさらに炒める。

3. 米を加えて炒め合わせ、1のだしとあさりを加えてひと煮立ちさせ、ふたをして弱火で12〜13分炊く。ふたとって水分をとばして火を止め、大きく混ぜ合わせる。

[アボカドとサーモンの間を
ナンプラーがとりもってひと味もふた味もリッチに。
ごはんとかるく混ぜて食べてもおいしい。]

サーモンのタルタルごはん

材料(2人分)

温かいごはん…茶碗2杯分(320g)
サーモン(刺身)…100g
アボカド…1個
レモン汁…小さじ2
マヨネーズ…大さじ1
ナンプラー…小さじ1と½

作り方

1 サーモンとアボカドは、それぞれ1cm角に切る。

2 ボウルにアボカドを入れレモン汁を加えてあえ、サーモン、マヨネーズ、ナンプラーを加えて混ぜ合わせる。

3 器にごはんを盛り、2をのせる。

[メロッソはスペイン風リゾットですが、**和風のだし**で雑炊風に煮ると、濃厚なだけではない、親しみのある味わいに。]

いかすみの和風メロッソ

材料（2人分）

ごはん…茶碗2杯分（320g）
ロールいか…150g
だし…水400㎖＋顆粒だし小さじ½
にんにく（みじん切り）…1かけ分
玉ねぎ（みじん切り）…½個分
白ワイン…50㎖
A ［トマトペースト…大さじ2
　　いかすみペースト…8g～10g］
オリーブ油…大さじ1
生クリーム（コーヒーフレッシュ）…適量

作り方

1. ロールいかは食べやすい大きさに切る。
2. フライパンにオリーブ油、にんにくを入れて弱火にかけ、香りがでてきたら玉ねぎを加えて中火にしてしんなりするまで炒め、いか、白ワインを加える。いかの色が変わったらAを加えて1～2分火にかけ、だしを加えてひと煮立ちさせ、ごはんを入れて5～6分煮る。
3. 塩、こしょう（ともに分量外）で味をととのえ、仕上げに生クリームをかける。

[ピリ辛のまぐろ、たくあん、キムチ、生卵。
まずいはずがない**完璧な旨さ4重奏**です。
もう〜これはクセになります。]

まぐろの韓国風卵かけごはん

材料(2人分)

温かいごはん…茶碗2杯分(320g)
まぐろ(刺身)…80g
コチュジャン…小さじ1
卵…2個
たくあん(みじん切り)…20g
キムチ…50g
白ごま…適量
しょうゆ…少々

作り方

1 まぐろは1cm角に切り、コチュジャンであえる。

2 茶碗にごはんを盛り、1のまぐろ、たくあん、キムチ、卵(割る)をのせて、白ごまをかける。

3 しょうゆをたらし、混ぜて食べる。

PART 4 ごはん料理

[冷蔵庫にあるものだけで
すぐに作れる超簡単チャーハンだけど、
さけフレークとガリのコンビがいい仕事してます。]

さけとガリのチャーハン

材料(2人分)

ごはん…茶碗2杯分(320g)
さけフレーク…40g
ガリ(みじん切り)*…30g
卵(割りほぐす)…2個
青じそ(みじん切り)…4枚分
塩、こしょう…各少々
しょうゆ…小さじ½
サラダ油…大さじ1
＊新しょうがの甘酢漬けでもOK

作り方

1 フライパンにサラダ油を入れて強火で熱し、卵を流し入れて半熟になったら、ごはんを加えてパラパラになるように炒め合わせる。さけフレーク、ガリを加えてさらに炒め合わせる。

2 しょうゆを鍋肌から加えて炒め、青じそを加えて炒め合わせ、塩、こしょうで味をととのえて、器に盛る。

> 刺身の「いかそうめん」を活用。
> いかと納豆、卵、長ねぎは好相性だから、
> チャーハンにしてみたら大正解。

いかと納豆のチャーハン

材料(2人分)

ごはん…茶碗2杯分(320g)
いか(刺身)…1ぱい(100g)
納豆…1パック
卵…2個
長ねぎ(みじん切り)…½本分
しょうゆ…適量
塩、こしょう…各少々
サラダ油…大さじ1

作り方

1 卵は割りほぐす。納豆はしょうゆ小さじ1を加えて混ぜ合わせる。

2 フライパンにサラダ油を入れて強火で熱し、卵を流し入れて半熟になったら、ごはんを加えてパラパラになるように炒め合わせる。いか、納豆を加えてさらに2～3分炒め合わせ、長ねぎを加えてざっと混ぜる。

3 しょうゆ小さじ½を鍋肌から加え、塩、こしょうで味をととのえて、器に盛る。

[**ヨーグルトのかるい酸味**がさけによく合って
リゾットと炊き込みの間のようなしゃれた味わいに。
仕上げの粗びきこしょうがピリッと効果的。]

さけのみそクリーム炊き込みごはん

材料　2合分（2〜3人分）

米…2合
さけ…2切れ
塩、こしょう…各適量
長ねぎ（みじん切り）…½本分
だし…水適量＋顆粒だし小さじ½
A［みそ…大さじ3
　 ヨーグルト…100g
粗びきこしょう…適量

作り方

1. さけは塩、こしょうを均一にふる。Aは混ぜ合わせる。米はとぐ。
2. 炊飯器に米、Aを入れ、だしを2合の目盛りまで加え、さけを入れて炊飯する。
3. 炊きあがったらさけを取り出して皮と骨を取り除いて戻し、長ねぎを入れて混ぜ合わせる。器に盛って、粗びきこしょうをふる。

［ しょうがと鶏ガラスープで炊く「たいめし」です。
南海鶏飯のたいめし版だから南海鯛飯。
ピリ辛で甘いスイートチリソースを
かけて食べましょう。 ］

PART 4 ごはん料理

12 たいのシンガポールライス風

材料　2合分（2〜3人分）

米…2合
たい…2〜3切れ
酒…大さじ2
鶏ガラスープ…水適量＋
　顆粒鶏ガラスープ大さじ1
しょうが（せん切り）…1かけ分
塩…適量
きゅうり…適量
トマト…適量
スイートチリソース…適量

作り方

1. たいに塩を均一にふり、炊飯器に入らなければ2つに切る。きゅうりは斜めに薄く切り、トマトはくし形に切る。
2. 米はといで、炊飯器に入れる。酒を加えて鶏ガラスープを炊飯器の2合の目盛りまで入れ、塩ひとつまみを加え、たい、しょうがを入れて炊飯する。
3. 炊きあがったら、たいを取り出し、ごはんは混ぜて器に盛る。たい、きゅうり、トマトを盛り合わせ、スイートチリをかける。

COLUMN
魚をおいしくする！

スイートチリソース

タイやベトナム、シンガポールなどでよく使われる、甘酸っぱくてピリ辛味のソースです。魚や鶏の蒸し煮、から揚げ、春巻き、オムレツなどによく合います。

たいの旨みに鶏ガラスープとしょうがが加わっていい香り。

魚をおいしく食べる基本 ④

👉 えび、かきは、塩・片栗粉・水の三段構えで洗う

えびやかきは料理する直前にしっかり洗って臭みをとること。これで旨みが立ちます。

1 えびは背わたを竹串で取り除き、殻をむく。

2 塩を加える

3 塩でよくもむ。

4 片栗粉を加える。

5 さらによくもむ。

6 水を加えてもみ洗いし、水で洗い流してキッチンペーパーで水気をとる。

とっておきのめんくい料理

めんの具には、魚介のほうが肉よりも手間なしかもしれません。
旨みたっぷりの貝や刺身でパパッと作って食べましょう。
ランチや深夜の食事に、飲み会の〆にもおすすめです。

PART 5

> [あさりももやしも煮えすぎ厳禁]
> おいしく食べたいから、フォーのゆで上がりと
> タイミングを合わせて料理するのがコツ！

あさりとパクチーのフォー

材料（2人分）

フォー…2玉
A ┃ あさり…200g
　 ┃ 鶏ガラスープ…水800㎖＋
　 ┃ 　顆粒鶏ガラスープ小さじ2
　 ┃ 酒…大さじ1
もやし…½袋（100g）
ナンプラー…小さじ2
塩、こしょう…各少々
パクチーの葉…適量
レモン（くし形切り）…2切れ

作り方

1. フォーは袋の表記どおりにゆでて水気をきり、器に盛る。

2. 鍋にAを入れて弱火にかけ、あさりの口があいたら中火にし、もやしを加えて1〜2分煮る。ナンプラー、塩、こしょうで味をととのえる。

3. 1に2をかけ、パクチーとレモンを添える。

＊フォーのゆで時間を確かめて、汁とフォーが同時にできるくらいのタイミングで料理すると、手際よくおいしくできる。

[えびともやしのおいしいあんを
市販のかた焼そばかけるだけ、のお手軽レシピ。
オイスターソースが味の決め手です。]

えびともやしのタイ風あんかけ焼きそば

材料（2人分）

かたやきそば…2玉
えび（ブラックタイガー）…6尾
もやし…1袋（200g）
パプリカ…½個
にんにく（みじん切り）…1かけ分
A ┌ 鶏ガラスープ…水100㎖＋
　│　　顆粒鶏ガラスープ小さじ½
　│ 酒…大さじ1
　│ 砂糖…小さじ⅓
　└ オイスターソース…大さじ1
水溶き片栗粉（水と片栗を同量で溶く）…適量
ごま油…適量

作り方

1 えびは殻をむき、尾を取り除き、背わたを竹串で取り除いて、塩、片栗粉、水（以上分量外）で洗う。パプリカは縦半分に切って種を取り除き、幅5mmの斜め切りにする。Aは混ぜ合わせる。

2 フライパンにごま油小さじ2、にんにくを入れて弱火にかけ、香りがでてきたら中火にしてえびを加えて塩、こしょう各少々（分量外）をふり、えびの色が変わるまで炒める。もやし、パプリカを加えて1〜2分炒め、Aを加えてひと煮立ちさせ、1〜2分煮て火を止めて水とき片栗粉を加え、再度火をつけて煮てとろみをつける。ごま油を少々加えて仕上げる。

3 器にかた焼そばを盛り、**2**をかける。

[海のおいしさいっぱいのスパゲッティは
ジェノベーゼの青のり版。
オリーブ油と青のりのハーモニーがたまりません。]

ほたてと青のりのスパゲッティ

材料（2人分）

スパゲッティ…160g
ほたて（ボイル）…8個
青のり…大さじ1と½
オリーブ油…大さじ1
にんにく（みじん切り）…1かけ分
スパゲッティのゆで汁…100㎖
塩、こしょう…各少々
レモン汁…適量

作り方

1. スパゲッティは、たっぷりの湯に塩適量（分量外）を加えてゆでる（袋のゆで時間表記の1分前が目安）。

2. フライパンにオリーブ油、にんにくを入れて弱火にかけ、香りがでてきたら中火にしてほたてを入れて2〜3分炒め、青のり、スパゲッティのゆで汁を加えて1〜2分煮つめる。

3. 1のスパゲッティを入れてあえ、塩、こしょう、レモン汁を加えて味をととのえる。

【パスタをゆでる塩の量】

目安は湯の1％の塩（水1リットルに10g）を加える。

> 「ねぎま」は長ねぎとまぐろのこと。
> 上等なまぐろではなく、むしろ、ぶつ切りや
> **トロの筋っぽい部分**がおすすめです。

ねぎまスパゲッティ

材料 （2人分）

スパゲッティ…160g
まぐろ(刺身)…130g
長ねぎ…1本
オリーブ油…大さじ1
にんにく(みじん切り)…1かけ分
赤唐辛子(種は取り除く)…1本
スパゲッティのゆで汁…100㎖
昆布茶(顆粒)…小さじ½
塩、こしょう…各適量

作り方

1. 長ねぎは斜め薄切りにする。スパゲッティは、たっぷりの湯に塩適量(分量外)を加えてゆでる(袋のゆで時間表記の1分前が目安)。

2. フライパンにオリーブ油、にんにくを入れてれ弱火にかけ、香りがでてきたら中火にして赤唐辛子とまぐろを入れ、塩、こしょう各少々をふり、まぐろの色が変わるまで炒める。スパゲッティのゆで汁、昆布茶を加えて1～2分煮つめる。

3. 1のスパゲッティ、長ねぎ(半量)加えて1分ほど炒め、塩、こしょうで味をととのえる。器に盛り、残りの長ねぎをのせる。

[キムチ＋生クリームが絶妙。
さらにサーモンの濃厚な旨みも加わった
骨太なソースには、ペンネがよく合います。]

サーモンとキムチのパスタ

材料（2人分）

ペンネ…160g
サーモン（刺身）…100g
キムチ…80g
生クリーム…200㎖
バター…20g
パルメザンチーズ…適量
塩、こしょう…各適量

作り方

1 サーモンは細かく刻む。ペンネは、たっぷりの湯に塩適量（分量外）を加えてゆでる（袋のゆで時間表記の1分前が目安）。

2 フライパンにバターを入れて中火にかけてとかし、サーモンを入れて炒めて塩、こしょう各少々をふり、サーモンの色が変わったら、生クリームを加えて2〜3分煮つめる。キムチ、ペンネを加えて混ぜ合わせ、塩、こしょうで味をととのえる。

3 器に盛り、パルメザンチーズをかける。

お得な「**刺身盛り合わせ**」を
グレープフルーツとオリーブ油で調味して
カッペリーニをあえ、ディルを添えるとごちそう感満点

刺身とグレープフルーツの冷製パスタ

材料(2人分)

カッペリーニ…120g
刺身盛り合わせ…150g
グレープフルーツ…1個
オリーブ油…大さじ2
ディル(フレッシュ)…2〜3本
ベビーリーフ…適量
塩、こしょう…各適量

作り方

1. 刺身は1〜2cm角に切る。グレープフルーツは果肉を取り出す。カッペリーニは、たっぷりの湯に塩適量(分量外)を加えてゆでる(袋のゆで時間表記より1分プラスが目安)。冷水に入れて冷やし、水気をきる。

2. ボウルに1の刺身とグレープフルーツを入れて塩少々をふり、オリーブ油を加えて混ぜ合わせる。カッペリーニ、ディルを加えてあえ、塩、こしょうで味をととのえる。

3. 器に盛り、ベビーリーフをのせてオリーブ油適量(分量外)をかける。

[かきとにらの滋養たっぷりのスープは
かきと相性抜群のオイスターソースが隠し味。
スープまで飲み干して召し上げれ。]

かきとにらのスープパスタ

材料(2人分)

スパゲッティ…160g
かき…8個
にら…½わ(60g)
ごま油…小さじ2
にんにく(みじん切り)…1かけ分
鶏ガラスープ…水400㎖＋
　顆粒鶏ガラスープ小さじ2
オイスターソース…大さじ1
塩、こしょう…各少々

作り方

1. にらは5mmに刻む。スパゲッティは、たっぷりの湯に塩適量(分量外)を加えてゆでる(袋のゆで時間表記の1分前が目安)。

2. フライパンにごま油、にんにくを入れて弱火にかけ、香りがでてきたら中火にしてかき、にらを入れて1～2分炒め、鶏ガラスープを加えてひと煮立ちさせ、オイスターソースを加えて2～3分煮る。

3. 1のスパゲッティを加えてひと煮立ちさせ、塩、こしょうで味をととのえる。

08 あさりとトマトの赤だしうどん

材料（2人分）

うどん…2玉
あさり…300g
トマト…1個
だし…水800㎖＋
　顆粒だし小さじ1
みりん…大さじ2
赤みそ…大さじ5
しょうゆ…小さじ1
万能ねぎ…適量

作り方

1. 万能ねぎは長さ3cmの斜め切りにする。トマトは6等分のくし形に切る。
2. 鍋にだし、あさりをいれて弱火にかける。あさりの口が開いたら中火にしてみりん、トマトを加えてひと煮立ちさせ、火を止めて赤みそを溶かし入れ、しょうゆを加える。
3. うどんは表記通りにゆでて水気をきり、器に入れて温かい2をかけ、万能ねぎをのせる。

［赤みそとあさりとトマトの旨みがうどんのおいしさを引き立てます。］

09 かきのクリームうどん

材料（2人分）

うどん…2玉
かき…8個
ほうれん草…3株
バター…20g
白ワイン…大さじ1

A ［生クリーム…200㎖
　白だし（10倍濃縮）
　　…大さじ3
　水…300㎖］
塩、こしょう…各少々

作り方

1. ほうれん草は長さ4〜5cmに切る。
2. 鍋にバターを入れて中火にかけて溶かし、かきを入れて炒め、バターがからんだら白ワイン、ほうれん草を加えて2〜3分炒める。Aを加えて2〜3分煮て、塩、こしょうで味をととのえる。
3. うどんは表記通りにゆでて水気をきり、器に入れて温かい2をかける。

［白だし＋生クリームとワインがコク旨スープとほうれん草がおいしい。］

魚をおいしく食べる基本 ⑤

☞ 魚を風味よく料理するコツ

1. **酒やワインを活用して旨みと香りを引き出す**
   酒は清酒の本醸造がおすすめ。吟醸酒は料理には向きません。必ず料理の課程でアルコールをとばしましょう。

2. **スパイスやハーブで臭みを消して香味を加える**
   エスニックや地中海風の魚料理に習ってスパイス（香辛料）やハーブを活用すると格段においしくなります。

3. **発酵調味料を活用して味を一発で決める**
   オイスターソース、ナンプラー、甜麺醤、バルサミコ酢など発酵した奥の深い旨みなら、いろいろ味を重ねなくてもそれだけで味が決まります。

4. **乳製品を活用して臭みやクセをやわらげる**
   牛乳、生クリーム、チーズ、ヨーグルトなどの乳製品は魚介と相性がよく、臭みやクセを消して、もち味を引き立てます。

5. **魚×肉の相乗効果のおいしさも活用**
   魚と肉との境を取り払って一緒に料理してみると、旨みの相乗効果で豊かな味わいになります。

メインにもサイドにもなる
ごちそうサラダ

熱々の魚とフレッシュ野菜も、しめた刺身とシャッキリ野菜も、
皿の上で生まれるおいしさも、ボウルであえて混ぜたおいしさも旨い。
サラダは出会いの料理です。レシピをヒントに自由に楽しんで！

PART 6

[人気の「タブレ」はクスクスのサラダです。
クスクスは熱湯に浸すだけの簡単素材。
持ち寄りパーティにもおすすめです。]

シーフードのタブレ

材料（2〜3人分）

クスクス…1/2カップ
シーフードミックス（冷凍）…500g
白ワイン…大さじ1
塩、こしょう、オリーブ油…各適量
トマト…小1個（100g）
きゅうり…1/2本
玉ねぎ（みじん切り）…1/4個分
パセリ（みじん切り）…大さじ1分
A [塩…小さじ2/3
　　こしょう…少々
　　レモン汁、オリーブ油
　　　…各大さじ1と1/2]

作り方

1 鍋にクスクスと同量の湯を沸かし、火を止めてクスクスを入れ、塩とオリーブ油各少々を加えてふたをして7分蒸らす。トマト、きゅうりは5mm角に切る。Aは混ぜ合わせる。

2 シーフードミックスは塩水で解凍し、水気をきって耐熱ボウルに入れ、塩、こしょう各少々、白ワインをかけ、ラップをして電子レンジ600Wで3〜4分加熱して、汁気をきる。

3 ボウルに1のクスクス、トマト、きゅうり、2のシーフードミックス、玉ねぎ、パセリを入れてAを加えてあえ、塩、こしょうで味をととのえる。

> 衣はカリッ中はちょっとレアが旨い！
> 刺身の揚げ焼きは失敗知らずの
> ごはんにも肴にもうれしい一品です。

ぶりカツサラダ

材料（2人分）

ぶり(刺身)…200g
塩、こしょう…各適量
小麦粉、溶き卵、パン粉…各適量
サラダ油…適量
ベビーリーフ…30g
ミニトマト(半分に切る)…4個
オリーブ油…大さじ1

作り方

1. ぶりの刺身(さくの場合は厚さ5mmに切る)は、塩、こしょうを均一にふり、小麦粉、溶き卵、パン粉の順に衣をつける。

2. フライパンにサラダ油を深さ1〜2cmくらい入れて熱し、1のぶりを入れて両面きつね色になるまで揚げ焼きにする。

3. 器に2を盛り、ベビーリーフはオリーブ油と塩であえてのせ、ミニトマトを添える。

［ バターで炒めて**しょうゆの香り**で仕上げます。
口の中に広がるかきと生ハムの極上の旨みを堪能。 ］

かきのバターソテーと生ハムのサラダ

材料(2人分)

かき…6個
バター…20g
しょうゆ…小さじ1
生ハム…2枚
クレソン…1束
オリーブ油…適量
パン…適量

作り方

1 クレソンは葉を摘む。生ハムは食べやすい長さに切る。

2 フライパンにバター入れて中火にかけて溶かし、かきを入れて5〜6分両面焼き色がつくまで炒めて火を通し、しょうゆを加えて仕上げる。器に盛る。

3 ボウルにクレソンと生ハムを入れてオリーブ油適量をふりかけてあえ、2に盛り合わせ、パンを添える。

かにかまとセロリのサラダ

材料（2人分）

かに風味かまぼこ…100g
セロリ…1本
マヨネーズ…大さじ2と½
ライム*…適量
＊すだちなど季節のかんきつ類でOK

作り方

1. セロリは、茎は斜め薄切りに、葉はざく切りにする。
2. かに風味かまぼこは粗くほぐしてボウルに入れ、セロリを加え、ライムをしぼって混ぜ合わせ、マヨネーズを加えてあえ、器に盛る。

［ ライムがかに風味かまぼこを
グレードアップ。］

はまちのセビーチェ

材料（2人分）

はまち（刺身）*…150g
A ┌ 塩…小さじ1
　├ こしょう…少々
　└ レモン汁…大さじ2
紫玉ねぎ…¼個
カリフラワー…¼個（150g）
パクチー（みじん切り）…15g
オリーブ油…大さじ1
タバスコ、塩、こしょう…各少々
＊かんぱちでもOK

作り方

1. 紫たまねぎは薄切り、カリフラワーは小房に切って薄切りにする。
2. ボウルにAを入れて混ぜ合わせ、はまち（さくの場合は厚さ5mmに切る）を入れてあえ、1分ほどマリネする。
3. 2のボウルに1とパクチーを入れて混ぜ、オリーブ油、タバスコを加えてあえ、塩、こしょうで味をととのえる。

［ マリネしたはまちと
生のカリフラワーが旨い！］

ほたてとアスパラの
にんにくマヨネーズ

材料(2人分)

ほたて(刺身)…4個
ホワイトアスパラ(缶か瓶)…4本
A [マヨネーズ…大さじ3
   にんにく(すりおろし)…1かけ分
   粗びきこしょう(白)…少々]

作り方

1. Aは混ぜ合わせる。ほたては厚みを半分に切る。
2. 器に、ほたて、ホワイトアスパラを盛り合わせ、Aを添える。あればイタリアンパセリを添える。

[**ほたての甘み**をにんにくが引き立てます。]

えびとオレンジの
オーロラソース

材料(2人分)

えび(ブラックタイガー)…8尾
オレンジ…1個
A [マヨネーズ…大さじ2
   ケチャップ…大さじ1
   ウスターソース…少々
   ブランデー(あれば)…少々]
ディル…適量

作り方

1. えびは、背わたを竹串で取り除き、塩(分量外)を入れた湯で4〜5分ゆでて火を通し、冷水にとって殻をむいて尾を取り除く。
2. オレンジは皮をむき、果肉を取り出す。
3. ボウルにAを入れて混ぜ、1と2を入れてあえ、器に盛ってディルを添える。

[**大人味のソース**が絶品です。]

[こんがり焼いた**さばとキムチ**や香味野菜が一緒になったおいしさ発見です。]

さばのサムギョプサル風

材料（2人分）

さば（おろした骨がついていない身）…半身
キムチ…160g
サンチュ…8枚
えごま（または青じそ）…8枚
長ねぎ…¼本
コチュジャン…適量
塩、こしょう…各少々
サラダ油…小さじ2

作り方

1 さばは8等分のそぎ切りにする。長ねぎは斜めに薄く切り、真ん中の芯（苦みとクセがある）は取り除く。

2 フライパンにサラダ油を入れて熱し、さばを入れて塩、こしょうをふり、中火で両面2〜3分ずつ、火が通るまで焼く。

3 器にサンチュ、えごま、キムチ、長ねぎ、**2**のさばを盛り、コチュジャンを添える。サンチュに巻いて食べる。

[ルッコラとチーズの風味が食欲をそそります。]

[フレッシュな野菜のドレッシングがさわやか。]

さんまときのこの焼きサラダ

材料(2人分)

さんま(3枚におろしたもの)…2尾
しめじ…1/2パック(80g)
まいたけ…1/2パック(50g)
ルッコラ…1/2わ
オリーブ油、パルメザンチーズ…各適量
小麦粉、塩、こしょう…各適量

作り方

1. さんまは一口大に切り、塩、こしょうを均一にふり、小麦粉をまぶす。しめじ、まいたけは石突きを切り落としてほぐす。
2. フライパンにオリーブ油大さじ1を入れて中火にかけて熱し、さんまを中火で両面焼き色がつくまで焼く。さんまを奥に寄せて空いたところに、しめじ、まいたけを入れて2〜3分炒め、塩、こしょうを各少々ふり、パルメザンチーズ大さじ2を加えて炒め合わせる。
3. 器に盛り、ルッコラをのせ、オリーブ油、パルメザンチーズ各適量をかける。

いわしのソテー 野菜ドレッシング

材料(2人分)

いわし(開いてあるもの)…大2尾
塩、こしょう…各適量
小麦粉…適量
にんにく(つぶす)…1かけ分
オリーブ油…大さじ2

▼野菜ドレッシング
A[パプリカ…1/8個
  セロリ…35g
  玉ねぎ…1/8個]
B[塩、砂糖…各小さじ1と1/2
  酢、オリーブ油…各大さじ2]

作り方

1. いわしは塩、こしょうを均一にふって小麦粉をまぶす。
2. Aは粗みじん切りにしてボウルに入れ、Bを加えてあえる。
3. フライパンにオリーブ油、にんにくを入れて弱火にかけ、香りがでてきたら中火にしていわしを身を下にして入れて3〜4分焼き、裏返して2〜3分両面焼き色がつくまで焼く。器に盛って2をかける。

> 切って並べてナンプラーとレモンを
> かけて**器の中で調味完了**。
> 簡単なのにおしゃれ！おもてなしにも。

ほたてのタイ風カルパッチョ

材料（2人分）

ほたて（刺身）…6個
ナンプラー…小さじ1
レモン汁（くし形切り）…2切れ
パクチー（みじん切り）…適量
ブラックペッパー…適量

作り方

1. ほたては厚みを半分に切る。
2. 器に1を並べ、ナンプラーをかけ、レモンをしぼり、ブラックペッパーをふり、パクチーをちらす

野本やすゆき
料理家　寿司職人　フードコーディネーター

1980年生まれ　東京都出身
大学商学部卒業後、調理師学校に入学し、調理師免許取得。家業の谷中で一番古い寿司店「松寿司」で修行するかたわら、祐成陽子クッキングアートセミナーに入学。卒業後、同校アシスタントスタッフを経て独立。
料理雑誌やテレビ番組、イベント、広告などへのレシピ提供やフードコーディネートを手がけるほか、料理講師・フードコーディネーター養成スクール講師を努め、「松寿司」三代目として寿司店の経営など、食にかかわるジャンルで幅広く活躍。著書に『老舗寿司屋三代目が教える　まいにち食べたい魚料理』(大和書房)がある。
http://nomotobase.com

老舗寿司屋三代目が教える
まいにち作りたい魚料理

2017年　4月25日　第1刷発行

著　者　野本やすゆき
発行者　佐藤　靖
発行所　大和書房
　　　　東京都文京区関口1-33-4
　　　　電話　03-3203-4511

STUFF
撮影■南雲保夫
アートディレクション■大薮胤美(フレーズ)
デザイン■横地綾子(フレーズ)
スタイリング■新田亜素美
料理アシスタント■あずままちこ　今井亮　小林梨沙
編集■亀山和枝
印刷■凸版印刷
製本■ナショナル製本
企画■長谷川恵子(大和書房)

©2017　Yasuyuki Nomoto Printed in Japan
ISBN978-4-479-92116-5
乱丁本・落丁本はお取り替えいたします。
http://www.daiwashobo.co.jp/